CE LIVRE
APPARTIENT A':
Julia
OFFERT PAR:
REÇU LE:
2007

RETROUVEZ FUTÉKATI
DANS LA BIBLIOTHÈQUE ROSE

Futékati et le poisson d'avril

Futékati et le fantôme

Le secret de Futékati

Futékati et le voleur du musée

Futékati et la farce de Corentin

Futékati et le magicien

Futékati et le concours de natation

Futékati au secours de Quentin

Futékati et l'homme masqué

Futékati et le drôle de Père Noël

L'étrange mercredi de Futékati

Béatrice Nicodème
Les énigmes de Futékati

L'étrange mercredi de Futékati

Illustrations de François San Millan

HACHETTE

Hachette Livre, 43, quai de Grenelle, 75015 Paris.

J'ai 7 ans et je m'appelle Futékati. Tu trouves que c'est un drôle de prénom ? C'est papa qui l'a choisi, et papa est japonais. Il paraît que je lui ressemble : j'ai les yeux et les cheveux noirs comme la nuit.

J'ai un grand frère : Niko. En réalité, il s'appelle Nicolas, mais je l'appelle Niko parce que c'est plus rigolo. Lui, il ressemble à maman : il a des lunettes et les cheveux tout bouclés.

Maman est professeur de chant. Elle a la plus belle voix du monde. En tout cas, c'est ce que dit papa.

Papa, lui, est docteur, un docteur pas comme les autres : il soigne les malades en leur enfonçant de petites aiguilles un peu partout. C'est bizarre, non ? Mais il paraît que ça ne fait pas mal du tout.

Et puis, on a un chat. On l'a appelé Jokari parce qu'il court aussi vite qu'une balle de jokari !

1

L'étrange mercredi

Le mercredi, c'est mon jour préféré. Et le meilleur moment, c'est celui du goûter, parce que maman a presque toujours une surprise pour nous.

Aujourd'hui, comme il fait très froid, elle nous prépare un

grand pot de chocolat chaud. Puis elle va chercher la boîte à surprises tout en haut du placard.

« J'en étais sûr ! » s'écrie Niko en la voyant ouvrir la boîte remplie de macarons.

Mon frère m'énerve, à toujours prétendre tout savoir !

« Je me demande comment tu as pu deviner qu'on aurait des macarons !

— Facile ! m'explique-t-il d'un air supérieur. Hier, quand on est rentrés de l'école, ça sentait dans tout l'appartement. »

Moi, je n'ai rien senti. Il faut dire que j'ai un gros rhume...

Les macarons sont délicieux. Quant au chocolat, il est tellement épais que ma cuillère tient debout dans la tasse.

« Dans une demi-heure, annonce Niko en se resservant pour la troisième fois, il y a un documentaire sur les avions de chasse.

— Tu es sûr d'avoir terminé tes devoirs ? lui demande maman.

— Sûr et certain ! » réplique Niko.

J'ajoute aussitôt :

« Moi aussi !

— Alors c'est d'accord, conclut maman. Vous pouvez regarder la télévision. »

Il y a juste un petit problème : les avions de chasse m'intéressent à peu près autant qu'un exercice de grammaire. Je préférerais regarder le dessin animé qui commence un peu avant sur une autre chaîne.

Évidemment, Niko n'est pas d'accord.

« Tu pourras voir le début si tu veux, mais ensuite on mettra mon documentaire !

— Changer de chaîne en plein milieu d'un dessin animé ? N'importe quoi ! »

Furieux, mon frère se lève d'un bond et se dirige vers la porte en criant :

« Les deux dernières fois,

c'est moi qui ai cédé, alors ce n'est pas la peine de discuter, Futékati : je regarderai mon documentaire, un point c'est tout !

— Tu ne termines pas ton chocolat ? demande maman.

— Je vais me laver les cheveux », réplique Niko en claquant la porte.

Maman me regarde avec des yeux étonnés.

« C'est une vraie manie ! En ce moment, il se fait un shampooing au moins tous les deux jours. Tu crois qu'il est amoureux ?

— Je n'en sais rien et de toute façon ça m'est complètement égal ! »

Maman éclate de rire.

« Allez, Futékati, tu ne vas quand même pas faire la tête pour un simple dessin animé ! Pour une fois, tu peux bien laisser ton frère regarder son émission ! »

Je fais semblant de céder, mais j'ai ma petite idée.

Je lave les tasses, passe l'éponge sur la table pour ramasser les miettes que Jokari a laissées, puis je quitte la pièce sans rien dire.

Je m'avance sur la pointe des pieds jusqu'à la salle de bains.

Niko est à genoux devant la baignoire, les cheveux couverts

de mousse. Sa tête ressemble à un gros chou-fleur !

En me retenant de respirer pour qu'il ne m'entende pas, je tends la main vers l'étagère sur laquelle il a posé ses lunettes, et je les emporte dans ma chambre.

Quand il s'aperçoit qu'elles ont disparu, Niko se met à hurler. J'ai beau lui répéter que je n'y suis pour rien, il me poursuit dans tout l'appartement en me menaçant de me faire avaler ma natte si je ne lui rends pas im-mé-dia-te-ment ses lunettes !

Manque de chance pour lui,

papa apparaît juste à ce moment-là sur le seuil de la porte.

« Eh bien ! proteste-t-il. Qu'est-ce que c'est que ces cris ? On vous entend jusque dans la rue ! »

Comme d'habitude, Niko s'empresse de raconter toute l'histoire, sans même me laisser le temps d'expliquer que c'est juste une blague, et que je comptais bien lui rendre ses lunettes.

Évidemment, j'ai droit à une leçon de papa.

« Je reconnais que Niko n'a pas toujours un caractère facile. Mais toi, Futékati, tu es parfois un peu chipie ! »

Moi, une chipie ? J'aurai vraiment tout entendu !

Maman, qui déteste les disputes, s'avance vers papa pour l'embrasser.

« Comment se fait-il que tu rentres si tôt ? lui demande-t-elle.

— Deux patients ont décommandé leur rendez-vous, explique papa. J'avais envie de passer un petit moment avec vous avant de retourner à mon cabinet, mais si c'est comme ça… »

Maman lui coupe la parole en riant :

« Viens goûter les macarons », propose-t-elle en l'entraînant vers la cuisine.

Trois macarons plus tard, papa est à nouveau de bonne humeur, et il retourne à son cabinet en sifflotant.

Entre-temps, j'ai rendu ses lunettes à Niko. Et maintenant, Monsieur s'installe devant la télévision en prenant toute la place sur le canapé.

Du coup, je m'enferme dans ma chambre pour jouer de la guitare. Tant pis si ça dérange mon frère !

Au bout d'un moment, je pose ma guitare et je colle mon oreille contre la porte de ma chambre. Niko est bien capable de me guetter dans le couloir

pour me tirer ma natte dès que je sortirai !

Je n'entends pas un bruit. Je me décide à sortir : pas de Niko ! Peut-être qu'il est encore fâché ?

Il n'a qu'à rester dans son coin, si ça l'amuse ! Moi, je vais aller voir ce que maman prépare pour le dîner.

Lorsque j'ouvre la porte de la cuisine, j'aperçois sa silhouette au milieu d'un brouillard épais.

« J'ai oublié de mettre un couvercle sur la casserole de soupe ! s'écrie-t-elle en ouvrant grand la fenêtre. Tu veux bien m'aider pour le couvert, Futé-

kati ? C'est bientôt l'heure de manger. »

Quand papa arrive, un peu plus tard, on passe tous à table.

Niko est très excité. Pendant tout le dîner il n'arrête pas de parler d'avions en utilisant des mots très compliqués.

Il m'agace tellement, avec ses airs de grand savant, que j'invente la première excuse qui me vient à l'esprit pour filer dans la cuisine, en disant :

« Si on faisait du thé vert ?

— Très bonne idée, approuve papa en me lançant un clin d'œil. Le thé vert est un excellent remède pour calmer les bavards ! »

Je remplis la bouilloire d'eau, j'allume le gaz, et je retourne dans la salle à manger.

Maman a enfin réussi à interrompre Niko. Elle nous fait mourir de rire en nous racontant la leçon de chant qu'elle a donnée ce matin à monsieur

Tralalère, un de ses élèves qui sait toujours tout mieux que tout le monde. Un peu comme Niko !

« Et le thé vert ? me demande tout à coup maman en se levant. Tu l'as oublié, Futé-kati ? »

Je la suis dans la cuisine… qui est à nouveau envahie par le brouillard. Je me précipite vers la fenêtre pour l'ouvrir.

« Il était temps qu'on arrive ! s'exclame maman. Regarde : la bouilloire est déjà à moitié vide. Presque toute l'eau s'est évaporée ! »

Mais moi je ne l'écoute pas. Sur la vitre, écrit bien nettement dans la buée, je lis : « Futékati est une vraie chipie ! »

Je suis furieuse ! Je comprends très bien ce qui s'est passé : une fois son émission terminée, Niko est allé dans la cuisine et il s'est vengé en écrivant ça sur la buée avec son doigt. Quand maman a ouvert la fenêtre, le texte s'est effacé parce que la buée a disparu, mais là il vient de réapparaître…

Bien entendu, Niko se défend en disant qu'il n'est pas allé dans la cuisine.

« C'est peut-être papa qui a fait ça pour rigoler, ajoute-t-il. Tu te rappelles qu'il t'a traitée de chipie ? »

Mais papa proteste. Je vais me serrer contre lui en disant :

« Ne t'inquiète pas, mon papounet, je sais très bien que c'est Niko le coupable ! »

Et toi, tu en es aussi sûr que moi ?

Pourquoi ?

Papa était déjà retourné à son cabinet *quand maman a oublié la soupe sur le gaz et que la vitre s'est couverte de buée.* **Et, pendant le dîner, il n'a jamais quitté la salle à manger.** *Niko, par contre, a eu largement le temps d'écrire ce gros mensonge sur la vitre lorsque j'étais dans ma chambre, à jouer de la guitare…*

2

Jokari a disparu

Ce matin, pour une fois, je n'ai pas été réveillée par la radio de la voisine, madame Couci-Couça. Son poste se trouve juste de l'autre côté du mur, derrière mon lit, et elle l'allume toujours à sept heures pile. Ça m'est égal quand il y a école, mais le mercredi et le dimanche c'est vraiment agaçant !

Comme j'ai pu faire la grasse matinée, je suis de très bonne humeur. En plus, maman nous a promis de nous emmener au Jardin d'acclimatation cet après-midi.

Mais lorsque Niko arrive à la cuisine pour le petit déjeuner, il est blanc comme un cachet d'aspirine. Il regarde mon bol de céréales avec une horrible grimace et déclare d'une toute petite voix :

« J'ai mal au cœur. »

Maman pose la main sur son front.

« Tu as de la fièvre ! dit-elle. Retourne te coucher, Niko, et prends ta température. »

Cinq minutes plus tard, elle m'annonce que mon frère a 38°5, et elle va chercher papa à son cabinet.

« C'est une bonne grippe,

déclare papa. Il faut qu'il reste au lit toute la journée. Le Jardin d'acclimatation sera pour une autre fois. »

Rester enfermée un mercredi, ça va être gai ! Et, en plus, maman me demande de ne pas jouer de guitare sous prétexte que ça empêcherait Niko de se reposer. Qu'est-ce que je vais bien pouvoir faire ?

« Et si tu apprenais tes leçons ? » me suggère maman.

Quelle occupation passionnante !

Quand l'heure du déjeuner arrive enfin, mon frère se lève juste cinq minutes pour avaler un bouillon de légumes bien chaud.

« Niko, dit maman, Futékati et moi, on va être obligées de sortir un moment. Demain, c'est l'anniversaire de votre papa ; il serait temps qu'on lui achète son cadeau !

— Et moi, alors, qu'est-ce que je vais faire ? proteste Niko.

— Toi, tu vas dormir ! répond maman d'un ton très ferme.

— Je peux quand même regarder un film ? insiste Niko.

— Pas question ! Tu dois absolument te reposer. »

Mon frère retourne dans sa

chambre en traînant les pieds. Quand il est malade, au moins, on peut lui dire ce qu'on veut sans qu'il se mette tout de suite à râler...

Après le repas, j'aide maman à faire la vaisselle. Puis on enfile nos manteaux, je dis au revoir à Niko et à Jokari, et nous partons à la recherche du cadeau pour papa.

On a un mal fou à se décider. On hésite entre une écharpe écossaise et un gros agenda en cuir pour noter les rendez-vous.

Finalement, on se décide pour l'écharpe, mais on met

encore au moins un quart d'heure à choisir entre tous les écossais.

En sortant du magasin, maman m'emmène manger un millefeuille dans notre salon de thé préféré. C'est presque aussi bien que le Jardin d'acclimatation !

« Niko va sûrement nous en vouloir de l'avoir laissé seul tout l'après-midi », remarque maman au moment de quitter le salon de thé.

Dans la rue, on marche vite, mais il est tout de même très tard quand on arrive à la maison.

Maman va immédiatement voir Niko.

« Comment te sens-tu, mon chéri ? » lui demande-t-elle à voix basse après avoir entrebâillé la porte de sa chambre.

Pas de réponse. Mon frère doit dormir comme une marmotte. Tant mieux ! Comme ça, au moins, il n'aura pas trouvé le temps trop long.

Moi, je me demande ce que je vais faire en attendant le dîner.

« Tu n'as qu'à regarder une cassette, me suggère maman.

— Mais je les connais toutes par cœur !

— Ça m'étonnerait », dit maman en se mettant à quatre pattes pour fouiller dans les étagères.

Elle attrape la première cassette qui lui tombe sous la main.

« Tiens, celle-là, tu n'as pas dû la regarder depuis une éternité. Je ne me rappelais même pas qu'on l'avait. »

Moi non plus, je ne m'en

souvenais pas, et pourtant je les connais, nos cassettes ! De toute façon, *Les Trois Mousquetaires,* ça ne me dit rien du tout.

Finalement, je décide de m'amuser avec Jokari. Le pauvre doit en avoir assez d'être enfermé avec Niko !

Je me glisse sans bruit dans la chambre de mon frère.

Les doubles rideaux sont fermés, mais j'y vois quand même assez clair. Je me mets à quatre pattes et je chuchote :

« Jokari ! Tu viens ? »

Pas de réaction. J'avance un bras sous le lit, je tâtonne dans tous les coins… mais, à la place

de mon petit chat préféré, je ramasse un énorme mouton de poussière !

Je me précipite hors de la chambre en appelant :

« Jokari ! Jokari !

— Chut ! proteste maman. Tu vas réveiller ton frère !

— Mais Jokari a disparu, maman ! Aide-moi à le chercher ! »

Je connais toutes les cachettes de mon chat, mais je ne le trouve nulle part : ni dans le placard de la salle de bains… ni dans le panier à linge… ni sous les radiateurs…

Il ne reste que ma descente de lit, mais en général il ne

s'y installe que quand je suis là.

Le cœur battant, j'ouvre la porte de ma chambre. Pas de Jokari sur la descente de lit !

Je me rends compte alors que j'ai oublié de fermer la fenêtre. Pourvu que Jokari ne se soit pas enfui par le balcon !

De plus en plus inquiète, je continue à le chercher partout avec maman. Toutes les deux, on fait tellement de bruit qu'on finit par réveiller Niko. Il apparaît à la porte de sa chambre, les lunettes de travers sur son nez.

« Qu'est-ce qui se passe ? Jokari a disparu ? »

Je suis tellement affolée que j'arrive à peine à articuler trois mots.

Maman regarde mon frère sévèrement.

« Ne fais pas l'innocent, Niko ! Ce chat n'a certainement pas quitté l'appartement tout seul. Avoue que tu t'es levé et que tu es sorti ! »

Niko doit aller beaucoup mieux que ce matin, parce qu'il se met à crier presque aussi fort que d'habitude.

« Vu que j'ai dormi tout l'après-midi, je ne vois pas comment j'aurais pu ouvrir la porte à Jokari ! Futékati a dû oublier de fermer la fenêtre de sa

chambre, et il a sauté sur le balcon de la voisine !

— Dans ce cas, réplique maman, il serait revenu par le même chemin. Il ne serait pas resté tout l'après-midi dehors par ce froid ! »

Mais Niko ne se laisse pas démonter si facilement.

« Madame Couci-Couça a peut-être ouvert sa porte-fenêtre pour le laisser entrer, et quand elle en a eu assez qu'il gratte la terre de ses plantes vertes, elle ne s'est pas gênée pour le mettre sur le palier ! Alors il a descendu l'escalier et il est sorti de l'immeuble. »

Niko doit avoir raison. Jokari

est sûrement en train de se balader tout seul dans la rue. Et s'il est perdu ? Et s'il se fait écraser par une voiture, tout ça parce que j'ai oublié de fermer ma fenêtre ?

Je suis tellement malheureuse que je me mets à pleurer comme une Madeleine.

Maman essaie de me consoler, puis elle décide de descendre interroger les commerçants de la rue.

Mais elle a à peine enfilé son manteau, qu'on entend du bruit sur le palier. La clé tourne dans la serrure, la porte s'ouvre et papa entre, avec Jokari sur l'épaule !

« Je me demande ce que cet animal faisait dehors, déclare-t-il.

— Futékati avait laissé sa fenêtre ouverte », explique Niko.

Je serre Jokari dans mes bras. Je suis tellement soulagée que

je me mets à pleurer encore plus fort, si bien que papa et maman n'ont plus trop envie de me gronder.

« Et comment va mon Niko ? demande papa.

— Un peu mieux, répond mon frère. J'ai dormi toute la journée et j'ai une faim de loup ! »

Papa est tout content, et maman nous annonce que, pour fêter ces bonnes nouvelles, elle va sortir une pizza du congélateur.

Niko retourne s'allonger un moment, pendant que je vais mettre le couvert pour me faire pardonner.

Mais maintenant que je suis un peu remise de mes émotions, je réalise tout à coup une chose à laquelle je n'avais pas pensé tout à l'heure.

D'accord, ma fenêtre était ouverte. Mais ce n'est sûrement pas par mon balcon que Jokari s'est échappé. En fait, j'ai deux très bonnes raisons de penser qu'il est sorti par la porte d'entrée.

Et toi, tu les as trouvées, ces deux bonnes raisons ?

La première raison, c'est que ***la porte de ma chambre était fermée*** *lorsque je suis rentrée à la maison avec maman. Jokari n'aurait donc pas pu y entrer pour aller sur le balcon !*

La seconde, c'est que ***madame Couci-Couça n'a pas allumé sa radio*** *ce matin, ce qui signifie qu'elle n'est pas chez elle. Donc elle n'a pas pu faire entrer Jokari dans son appartement et ensuite le mettre à la porte.*

(Finalement Niko a avoué qu'il était descendu chez son copain Victor pour lui emprunter la cassette des Trois Mousquetaires. *Et quand il nous a entendues rentrer, maman et moi, il est vite allé se recoucher et il a fait semblant de dormir. Il est vraiment gonflé !)*

3

La boîte à musique

Aujourd'hui, j'organise une fête costumée.

Maman et moi, on a préparé des tonnes de gâteaux, et on a fait le ménage dans tous les coins de l'appartement. Même Niko s'y est mis, pour une fois.

C'est normal, puisque je lui ai permis d'inviter ses trois meilleurs copains !

Il s'est fabriqué un supercostume de robot avec du carton, du papier d'aluminium et des ampoules qui clignotent. Moi, je suis déguisée en infirmière.

Mes copains vont arriver dans dix minutes. La table du goûter est prête, et maman est en train d'accrocher des ballons à la porte. Il ne me reste plus qu'à enfiler mon costume et à vérifier que rien ne traîne dans ma chambre.

De toute façon, elle est toujours très bien rangée. Pas

comme celle de Niko ! Mais je voudrais quand même vérifier que je n'ai pas oublié mon journal sur la table.

Ça va, tout est en ordre. Par précaution, je mets quand même mon chat-tirelire et ma bonbonnière dans mon armoire. J'ai trop peur que quelqu'un les casse !

Ma danseuse espagnole, par contre, je peux la laisser sur la cheminée, puisqu'elle est déjà cassée.

C'est une boîte à musique que papa et maman m'ont rapportée d'Espagne l'été dernier. Quand on la remonte, la danseuse se met à tourner à toute vitesse et sa robe à volants se gonfle comme une fleur qui s'ouvre.

Enfin, ça, c'était avant qu'elle tombe. Maintenant il n'y a plus que la musique qui fonctionne. On n'a trouvé aucun réparateur capable de faire à nouveau danser mon Espagnole.

N'empêche que j'y tiens énormément. La semaine dernière, quand Niko l'a cachée pendant toute une journée sous prétexte que j'avais triché au Cluedo, j'ai failli démolir sa maquette d'avion pour me venger.

La sonnette de la porte

retentit enfin. Je me précipite dans le couloir et je bouscule Niko pour arriver la première.

J'ai à peine entrebâillé la porte que j'entends un miaulement effrayant. C'est Rémi, déguisé en chat ! Son costume est tellement réussi, avec son

bonnet de fourrure et ses immenses moustaches, que Jokari file à toute vitesse à l'autre bout de l'appartement. Il n'a sûrement jamais vu un chat aussi énorme.

Pauline, elle, s'est transformée en Petit Chaperon rouge. Elle me tend un beau panier rouge rempli de chamallows, de nounours et de fraises Tagada.

On n'a même pas le temps d'entrer dans le salon qu'on sonne à nouveau. Cette fois, ce sont les copains de Niko.

Jean est très rigolo en martien, tout vert avec des oreilles en plastique.

Oscar s'est déguisé en Sherlock Holmes : il a mis une casquette écossaise et il inspecte tout l'appartement avec une grosse loupe.

Xavier, lui, n'a pas eu beaucoup d'imagination. Il s'est contenté d'enfiler son costume de judoka… sauf qu'il ne s'est pas gêné pour remplacer sa ceinture bleue par une noire.

« On dirait que tu as de la concurrence, Futékati ! » lance Niko en tirant sur ma natte.

Il veut sans doute parler d'Oscar-Sherlock-Holmes. Tout le monde sait que j'ai l'intention de devenir détective quand je serai grande.

La sonnette retentit encore une fois, et en l'espace de cinq minutes tous les autres invités sont là : Morgane en danseuse étoile, les jumeaux Mic et Max habillés comme les Dupond et Dupont dans Tintin, Pépita en hôtesse de l'air avec un joli petit chapeau, et son frère Pipo en commandant de bord. Il est

très impressionnant, avec sa casquette bleu marine et sa grosse mallette d'aviateur.

Mais le costume le plus réussi, c'est celui d'Élisabeth : une jupe et un pull-over, des chaussures à talons hauts, un chignon bouclé avec un serre-tête bleu, et d'énormes boucles d'oreilles...

En nous voyant toutes éclater de rire, Niko hausse ses épaules en aluminium :

« Je ne vois vraiment pas ce que vous lui trouvez de si drôle ! »

Mon frère n'a vraiment aucun sens de l'observation. Il n'a même pas remarqué qu'Élisabeth s'est déguisée en mademoiselle Paprika, ma maîtresse d'école !

Derrière ses lunettes en ailes de papillon, Élisabeth jette un regard sévère à mon frère, puis elle dit d'une grosse voix, en postillonnant comme notre maîtresse :

« Parfaitement ! Je ne comPrends Pas que tu ne m'aies Pas reconnue, Niko ! »

Puis elle lui tourne le dos et embrasse l'hôtesse de l'air :

« Ah, Pépita ! Tu es suPerbe ! Et quelle bonne idée d'avoir amené PiPo ! »

Je trouve Élisabeth tellement drôle que je propose d'organiser un vote pour décerner le prix du meilleur déguisement.

Après le goûter, je distribue du papier et des crayons. Chacun doit écrire un nom sur son morceau de papier, le plier en quatre et le déposer dans la casquette de Sherlock Holmes.

À la fin, on appelle maman pour compter les bulletins.

Elle a un peu de mal à s'y retrouver, parce que certains ont écrit le nom du garçon ou de la fille qui s'est déguisé, et d'autres ont indiqué le costume : « chat », « martien » ou « hôtesse de l'air »...

Finalement, en s'y mettant

tous, on arrive quand même à savoir qui a gagné : c'est Élisabeth !

Tout le monde la félicite, sauf Morgane qui semble un peu contrariée. Elle est comme ça, Morgane : elle veut toujours être la meilleure.

Après le vote, Niko organise un championnat de judo dans sa chambre pendant que nous, les filles, on regarde un film. Un peu plus tard, les garçons nous rejoignent. Mais ils n'arrêtent pas de faire des bêtises, et je suis obligée de les menacer avec ma seringue d'infirmière pour qu'ils se calment.

« Je crois que c'est l'heure de rentrer, annonce Pipo à la fin du film. Mon vol pour Sidney part dans une demi-heure. Vous venez, hôtesse Pépita ? »

Il empoigne sa grosse mallette et tout le monde se dit au revoir au milieu des miaulements de Rémi et des Protestations de mademoiselle Paprika qui trouve qu'on fait beaucoup trop de bruit.

Cinq minutes plus tard, on se retrouve tout bêtes, Niko et moi. C'est un peu triste, une fête qui se termine…

« Je vais retirer mon déguisement, déclare Niko. Je crève de chaud.

— Très bonne idée ! Moi aussi, je serai beaucoup mieux en chaussons qu'avec mes claquettes d'infirmière. »

Une fois dans ma chambre, je me change en deux minutes. Je range mon costume, puis je me laisse tomber sur mon lit. Je

repense à ma fête. Elle était vraiment réussie.

On s'est amusés comme des fous, le goûter était délicieux, et pour une fois il n'y a pas eu de bagarre avec les copains de Niko. Xavier n'a rien cassé et Oscar n'est pas venu farfouiller dans ma chambre.

Je jette un coup d'œil autour de moi pour m'assurer que personne n'a touché à mes affaires.

Quoi ? Ce n'est pas possible ! Ma danseuse espagnole a disparu !

Je n'arrive pas à y croire. J'ouvre mon armoire, le tiroir de ma table de nuit, je me mets à quatre pattes pour regarder

sous le lit, je vide la corbeille à papier, mais j'ai beau chercher, elle n'est nulle part !

C'est sûrement un des invités qui l'a prise. Mais qui ? Sûrement pas Rémi, et encore moins Pauline.

Morgane, par contre, adore la danse. Et puis je me rappelle

que c'est elle, un jour, qui avait pris la boule de neige de Pépita dans laquelle il y avait une tour Eiffel.

C'est sûrement elle ! Elle a dû profiter d'un moment où j'étais à la cuisine pour se glisser dans ma chambre.

Pourtant, quand on s'est dit au revoir, si une des poches de sa doudoune avait été énorme je l'aurais remarqué. Ma boîte à musique est beaucoup trop grosse pour ne pas dépasser !

Et c'est exactement la même chose pour les autres invités : s'ils avaient caché l'Espagnole dans leur poche, je m'en serais aperçue…

Donc c'est Niko qui me l'a prise ! Quel asticot, ce frère ! Il va m'entendre…

En trois bonds je suis dans sa chambre. Je me précipite sur lui en criant très fort :

« Tu as intérêt à me rendre ma danseuse ! Je te préviens, Niko, cette fois tu vas me le payer cher ! »

Il me repousse de toutes ses forces.

« Mais tu es folle ! Pourquoi est-ce que je te l'aurais prise ?

— Tu l'avais bien prise la semaine dernière pour la cacher ! »

Niko a l'air tellement étonné que ça ne doit pas être lui.

Mais alors qui est-ce, si ce n'est pas lui ?

En y réfléchissant bien, je ne vois qu'une seule personne qui ait pu emporter ma boîte à musique en étant certain que personne ne remarque rien.

Et toi, tu sais qui me l'a prise ?

fameux morceau : c'est une surprise, pour me remercier de ma belle fête costumée !

C'est Pipo !

Il était le seul à pouvoir l'emporter sans que je m'en aperçoive : il lui suffisait de la mettre dans sa mallette de commandant de bord.

Quand j'ai compris que c'était le frère de Pépita qui m'avait fait cette farce, je me suis mise à pleurer. Alors Niko m'a tout expliqué.

La semaine dernière, il n'avait pas caché ma danseuse : il l'avait seulement prêtée à Pipo pour qu'il la montre à son père, un as du bricolage. Le père de Pipo a trouvé comment la réparer, et il a dû fabriquer le petit morceau qui manquait.

Et aujourd'hui Pipo l'a reprise pour que son père puisse placer le

4

Panique à l'école

En ce moment, à l'école, on a au moins deux contrôles par semaine. Mes copains et moi, on a la tête tellement remplie qu'un de ces jours elle va éclater comme un ballon !

Bref, on est tous un peu énervés. Comme dit papa, il y a de l'électricité dans l'air.

Ce matin, c'est le pompon. À peine arrivée dans la cour de l'école, j'entends des hurlements de terreur.

C'est Théo qui est paniqué parce que Violette lui a sauté à la figure lorsqu'il a ouvert son sac. Violette, c'est la souris de Pépita, une minuscule souris blanche qui ne ferait pas de mal à une mouche. Quel trouillard, ce Théo !

« Je suis désolée, Théo, s'excuse gentiment Pépita.

— Désolée, mon œil ! intervient Célia. Tu ne vas pas nous faire croire que Violette a eu toute seule l'idée de se cacher dans le sac de Théo !

— Et pourquoi pas, mademoiselle Je-sais-tout ? Violette est très intelligente ! »

Célia éclate de rire en se pliant en deux et en se tenant le ventre à deux mains.

« Une souris intelligente, on aura vraiment tout entendu !

— Qu'est-ce qu'elle dit ? Qu'est-ce qu'elle dit ? »

Marion vient d'arriver. Il faut toujours qu'elle se mêle de ce qui ne la regarde pas.

« Occupe-toi de tes oignons, lui lance Pépita.

— Ce que vous êtes pénibles, les filles ! » proteste Quentin.

Vexée, Marion attrape Violette par la queue et crie très fort :

« Tu vas voir si je suis pénible !

— Bravo, Marion ! hurle Célia. Tu me passes la bestiole ? »

Elle se précipite vers Marion pour empoigner la pauvre

petite souris qui se met à pousser des couinements affolés.

Pépita se jette sur Célia comme une furie.

« Si tu fais du mal à Violette, ça va mal aller ! » crie-t-elle d'une voix tremblante.

Célia s'enfuit à toutes jambes à l'autre bout de la cour.

« Je te déteste ! hurle Pépita en la poursuivant. Toute la classe te déteste ! D'ailleurs, t'as même pas d'amoureux, et t'en auras jamais ! »

Depuis quelques jours, Pépita raconte à tout le monde que le meilleur copain de son frère Pipo est amoureux d'elle. Toutes les filles l'envient... sauf moi, bien sûr, puisque Rémi est amoureux de moi.

Célia s'arrête net et se retourne vers Pépita, rouge comme une tomate.

« Tiens, la voilà, ta minable petite souris ! dit-elle en lâchant Violette. Bien sûr, que j'ai un amoureux, qu'est-ce que tu crois ? »

La sonnerie retentit juste à ce moment. Pépita s'empresse de remettre Violette dans son cartable, et on se bouscule jusque dans la classe.

« Vous avez l'air bien agités », remarque madame Cannelle.

Depuis une semaine, elle remplace mademoiselle Paprika. Il paraît que notre maîtresse a besoin de repos. Je me demande bien pourquoi : c'est plutôt nous qui devrions être fatigués, avec tous les contrôles qu'on a !

« Le contrôle de grammaire sera pour tout à l'heure, annonce madame Cannelle. Pour l'instant, je voudrais que vous me récitiez la fable de La Fontaine que vous deviez apprendre. Qui commence ?

— Moi, madame ! » s'écrie Max en levant la main.

Max adore réciter à haute voix. Plus tard, il veut être acteur.

« Parfait », approuve madame Cannelle.

Max s'approche du tableau, puis il se tourne vers nous et prend une grande respiration.

« Autrefois le rat de ville
Invita le rat des champs... »

Il récite très bien, la tête renversée en arrière. Quel comédien !

Mais il est à peine arrivé à la deuxième strophe qu'un bruit terrible retentit dans toute l'école.

« L'alarme d'incendie ! s'écrie madame Cannelle. Vite, les enfants, il faut sortir dans la cour. Mais surtout, ne vous affolez pas ! On est au rez-de-chaussée, vous ne risquez rien ! »

On se précipite tous dans le couloir déjà rempli d'élèves qui courent dans tous les sens. Il y a aussi madame Lambert, la directrice. Elle agite la tête en nous recommandant de rester calmes.

Finalement, on se retrouve tous dans la cour.

« Parfait, dit madame Cannelle. Je pense que les pompiers ne vont pas tarder. Apparemment, l'incendie s'est déclaré dans les cuisines. »

Elle a sûrement raison : les fenêtres de la cantine sont grandes ouvertes et une fumée noire s'en échappe.

Soudain, monsieur Grumeau, le cuisinier, surgit de l'épais brouillard.

« Ce n'est rien ! crie-t-il. J'ai juste oublié une marmite de caramel sur le feu. »

Il s'approche de madame Lambert pour lui montrer une énorme marmite toute noire.

La directrice n'a pas l'air très contente, surtout qu'il faut bien dix minutes pour nous calmer et nous faire rentrer en classe.

Avec tout ça, Max n'a plus le temps de réciter sa fable. Mais bien sûr madame Cannelle n'a pas oublié le contrôle de grammaire…

Tandis que l'on répond à une liste interminable de questions, madame Cannelle met le

tiroir de son bureau sens dessus dessous.

« Qu'est-ce qui se passe, madame ? demande Marion. Vous avez perdu quelque chose ?

— Mon portable a disparu », répond la maîtresse.

Madame Cannelle est vraiment dans la lune ! Avant-hier, elle a cherché ses boucles d'oreilles pendant des heures. Elle les avait rangées avec la boîte de craies dans le placard à fournitures. Et hier, quand elle a voulu sortir son atlas de son sac, elle a trouvé à la place un livre de recettes de cuisine. La seule chose qu'elle n'égare jamais, ce sont les contrôles !

Quand la sonnerie retentit, elle n'a toujours pas retrouvé son portable. Et moi, je n'ai pas trouvé la moitié des réponses du contrôle de grammaire.

« Quelle matinée ! » s'exclame Pauline en me rejoignant aux portemanteaux.

Elle ne croit pas si bien dire : au moment où je m'apprête à enfiler ma doudoune, une des poches se met à chanter *Au clair de la lune* !

« Le voilà ! » s'écrie madame Cannelle.

Elle se précipite vers moi, sort le portable de ma poche et

prend la communication en me lançant un regard étonné.

« J'aimerais bien savoir ce que mon portable faisait dans ta poche ! » me dit-elle après avoir terminé sa conversation téléphonique.

Rouge comme une pivoine, je lui jure que ce n'est pas moi qui l'ai mis là.

« Il a dû tomber de votre sac près de ma doudoune, et quelqu'un l'a rangé machinalement. »

Madame Cannelle a l'air à moitié convaincue.

« Enfin, dit-elle finalement, l'essentiel c'est que je l'aie retrouvé… à cet après-midi, les enfants ! »

« On rentre ensemble ? me demande Pauline.

— Évidemment ! »

Au moment où on sort de l'école, Célia passe devant nous. Telle que je la connais, elle va sûrement m'accuser d'avoir volé le portable de madame Cannelle.

En fait, elle ne me regarde même pas.

« Ah, Florian ! crie-t-elle très fort. C'est drôlement gentil d'être venu me chercher ! »

Et elle court vers un garçon qui attend sur le trottoir d'en face. Il est presque aussi grand que Niko, et beau comme un soleil.

« Alors, tu es remise de tes émotions ? lui demande-t-il après l'avoir embrassée. Un début d'incendie, ça n'arrive pas tous les jours ! »

Célia se serre très fort contre lui.

« Oh, finalement ce n'était pas grand-chose, explique-t-elle. Le cuisinier avait juste oublié une casserole. »

Pépita arrive à ce moment-là, et Célia lui jette un regard triomphant.

« Çà alors ! chuchote Pépita. Je me demande comment une fille comme elle peut avoir un amoureux ! »

Je suis bien de son avis !

En tout cas, maintenant, je sais qui a pris le portable de madame Cannelle.

Et toi, tu le sais ?

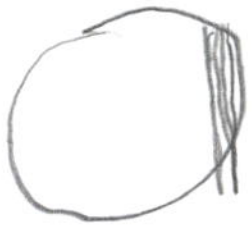

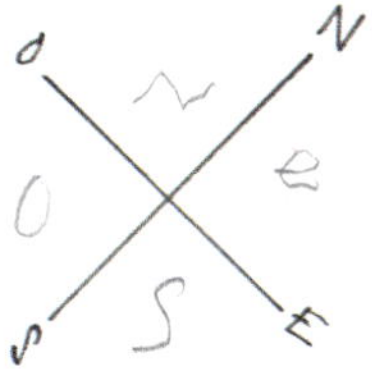

C'est Célia, bien sûr !

Elle voulait absolument que Pépita sache qu'elle avait vraiment un amoureux. Alors elle a profité de l'alerte d'incendie et de la panique pour prendre le téléphone de madame Cannelle dans le tiroir de son bureau. Elle a appelé Florian et lui a demandé de venir la chercher à la sortie. Puis, comme elle avait sans doute un peu peur d'être bloquée par l'incendie, elle a laissé le téléphone n'importe où… c'est-à-dire dans la poche de ma doudoune.

Si elle n'avait pas téléphoné à Florian, comment aurait-il su pour le début d'incendie ?

Table

Imprimé en France par ***Partenaires-Livres***®
n° dépôt légal : 59806 - juin 2005
20.20.0814.03/2 - ISBN : 2-01-200814-3
Loi n°49-956 du 16 juillet 1949
sur les publications destinées à la jeunesse